A

A

B

B

C

C

D

D

E

E

F

F

G

H

H

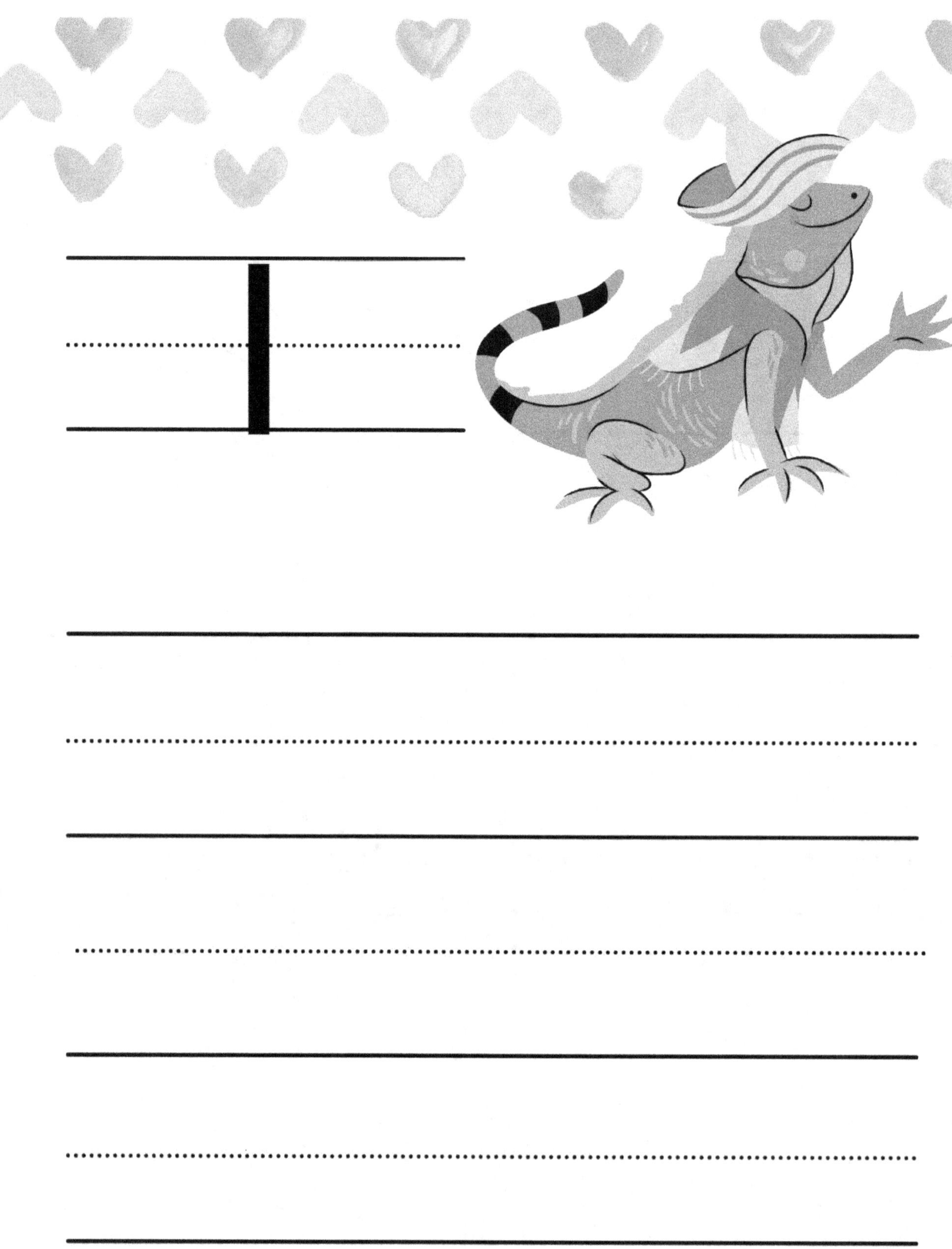

J

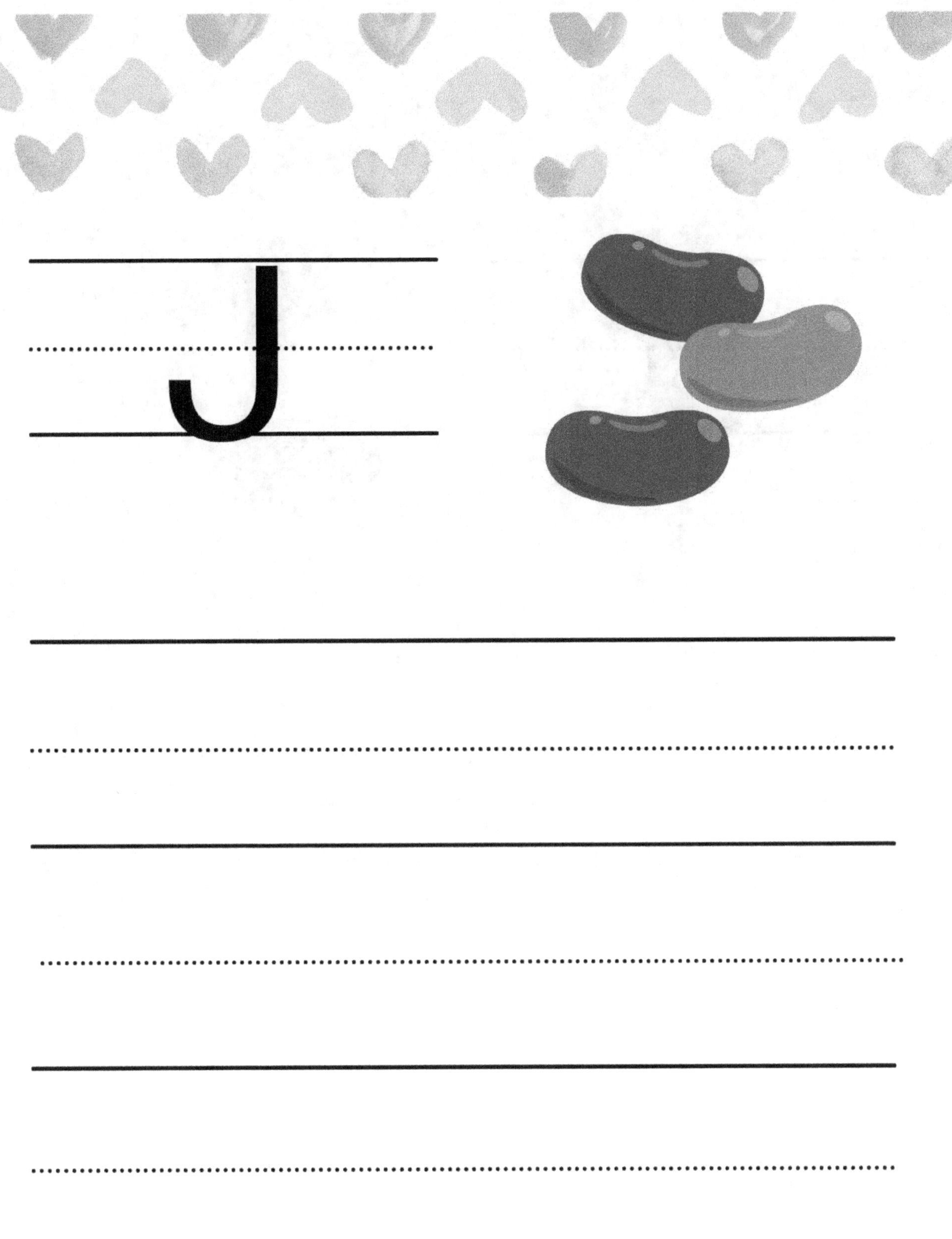

J

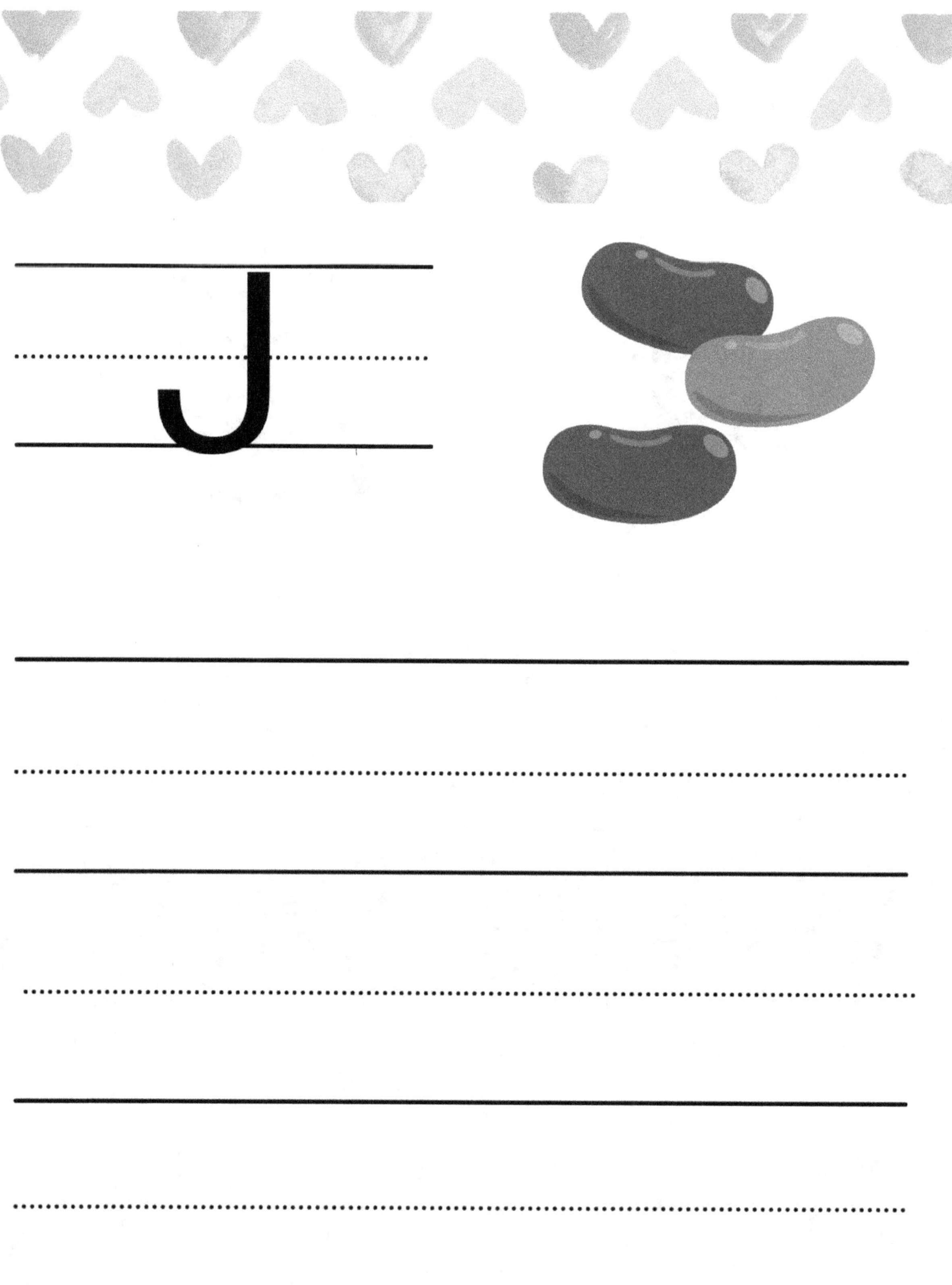

K

K

L

M

M

N

N

O

O

P

P

Q

Q

R

R

S

S

T

T

U

V

V

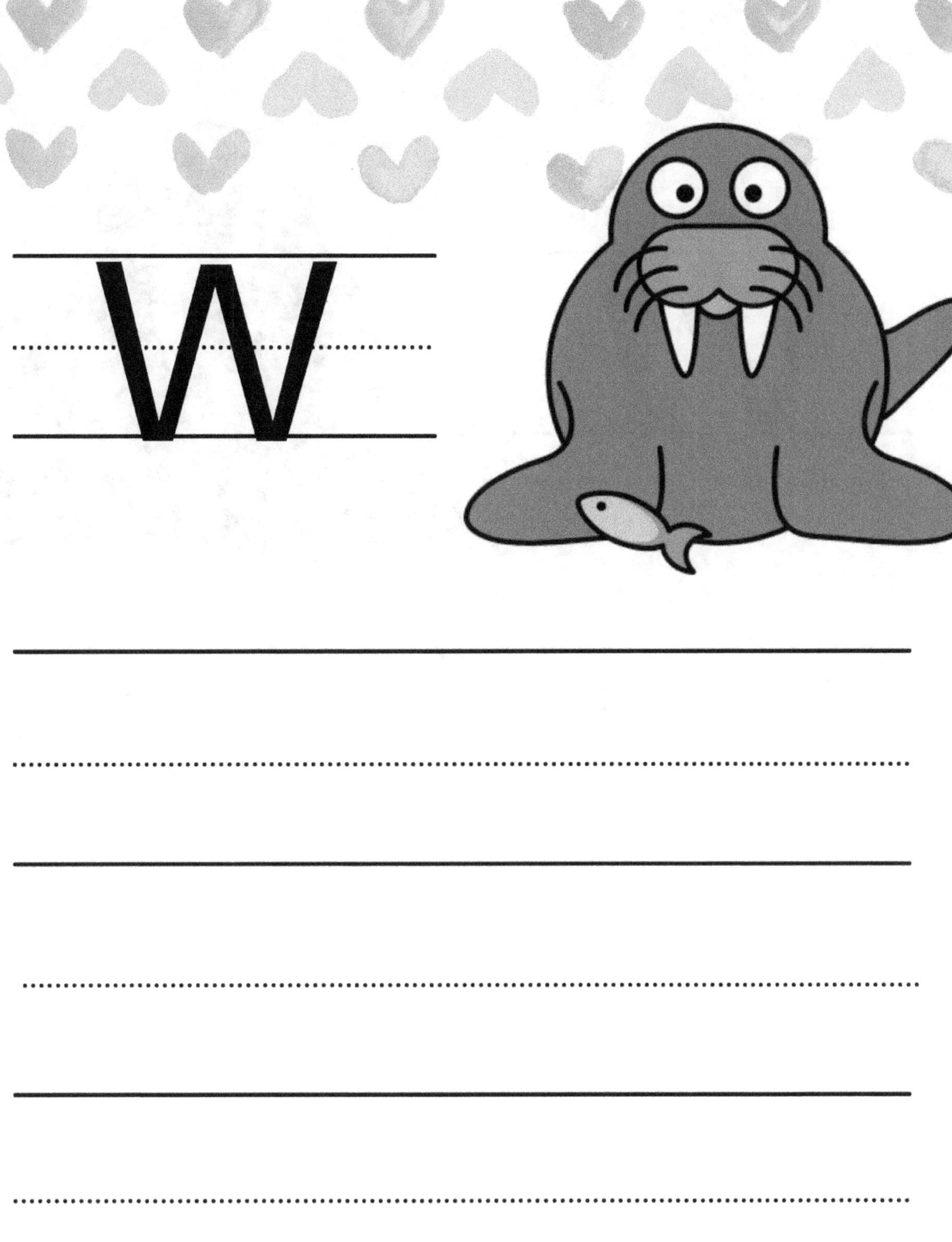

W

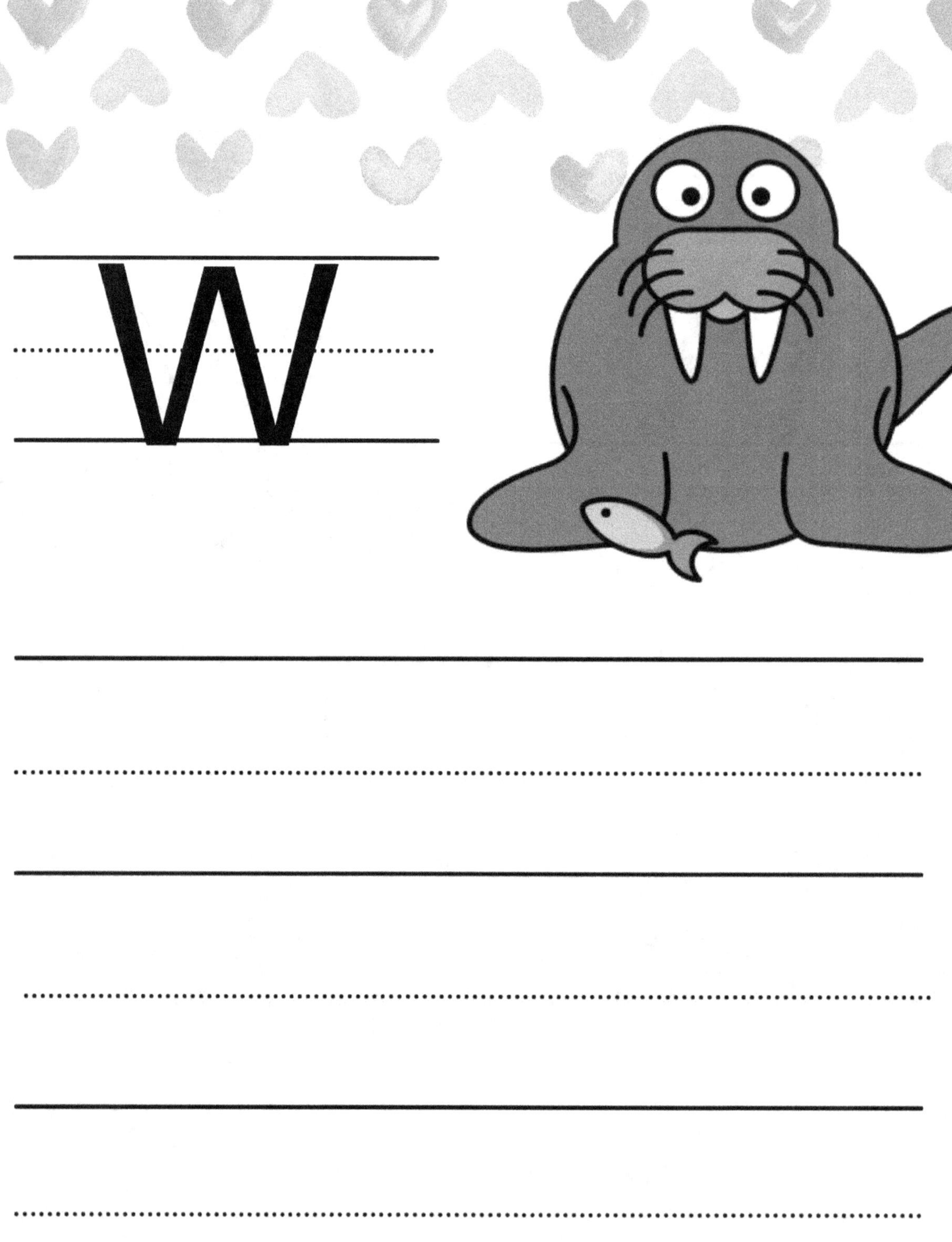

Y

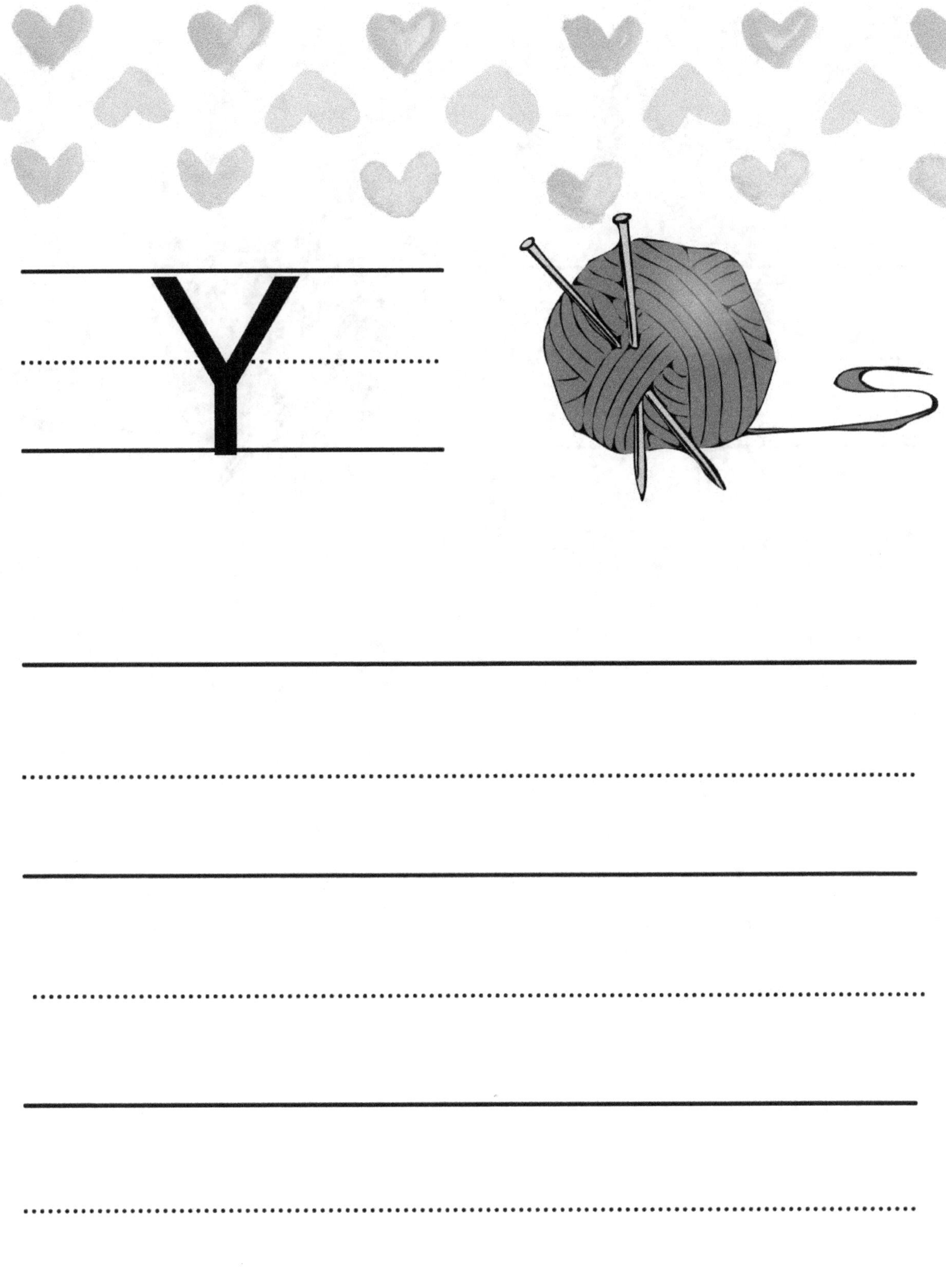

Y

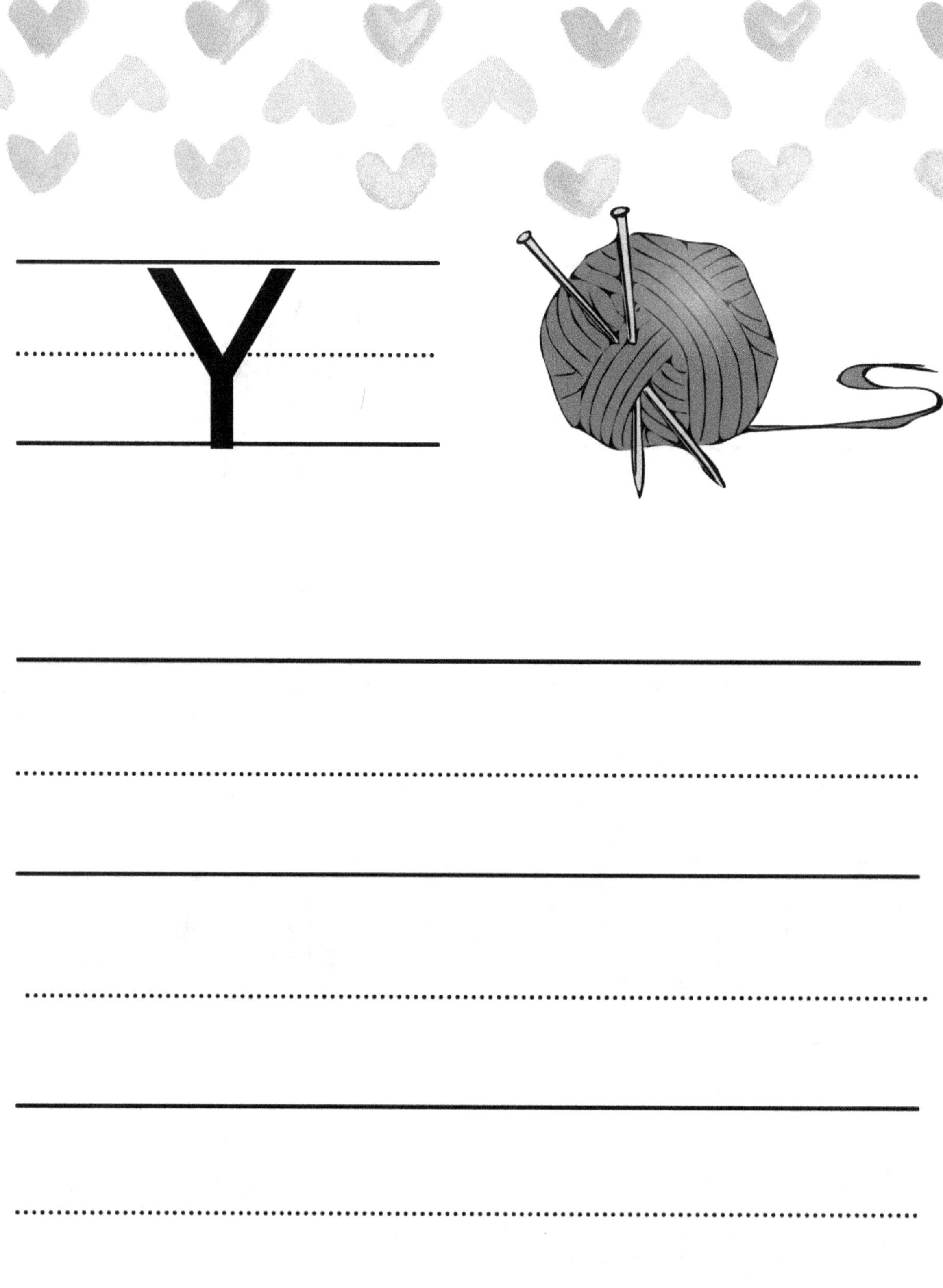

Z

z

3

3

4

5

5

6

6

7

8

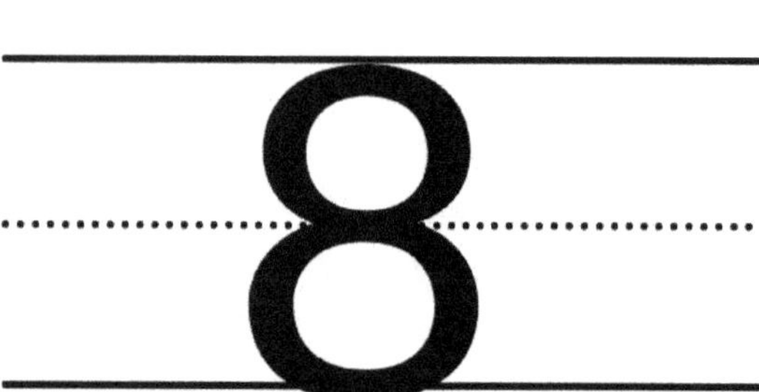

9

9

10

10

11

11

12

12

13

13

14

14

15

15

16

16

17

17

18

18

19

19

20

20

Safari Animal Search

```
X  Y  G  G  W  O  W  S  G  W  J  Z  A  M  X  H
G  W  A  R  T  H  O  G  E  X  K  W  N  I  R  A
G  Z  W  D  I  J  H  R  A  N  M  T  T  X  J  T
L  J  Z  I  Z  B  A  R  C  W  Q  E  E  H  C  J
C  K  T  F  P  R  B  C  G  Y  K  Y  A  Y  V  O
H  E  O  Y  B  E  U  Z  K  I  S  S  T  U  L  A
P  M  N  E  Z  D  Y  N  O  R  R  Z  E  E  V  N
O  S  T  R  I  C  H  P  E  W  A  A  R  R  J  T
I  B  Y  K  O  M  U  R  F  C  A  B  F  Q  D  E
O  O  C  W  S  B  U  B  P  N  M  R  B  F  H  L
E  V  G  H  A  T  U  Y  A  T  H  W  I  I  E  O
V  C  B  M  L  F  D  F  D  J  X  P  Y  C  T  P
R  D  K  U  P  W  O  W  F  C  D  D  C  O  K  E
Z  H  V  N  R  M  C  V  L  A  U  C  I  E  O  G
A  E  L  E  O  P  A  R  D  T  L  O  D  S  R  M
C  R  H  W  K  Z  G  N  F  E  P  O  W  I  N  L
```

ANTEATER	ANTELOPE
BUFFALO	GIRAFFE
JACKRABBIT	LEOPARD
OSTRICH	VULTURE
WARTHOG	ZEBRA

Safari Animal Search - Solution

X	Y	G	G	W	O	W	S	G	W	J	Z	A	M	X	H
G	**W**	**A**	**R**	**T**	**H**	**O**	**G**	E	X	K	W	**N**	I	R	A
G	Z	W	D	I	**J**	H	**A**	N	M	T		**T**	X	J	T
L	J	Z	I	Z	B	**A**	**R**	C	W	Q	E	**E**	H	C	J
C	K	T	F	P	R	**B**	**C**	**G**	Y	K	Y	**A**	Y	V	O
H	E	O	Y	B	**E**	U	Z	**K**	**I**	**S**	S	**T**	U	L	**A**
P	M	N	E	**Z**	D	Y	N	O	**R**	**R**	Z	**E**	E	V	**N**
O	**S**	**T**	**R**	**I**	**C**	**H**	P	**E**	W	**A**	**A**	**R**	R	J	**T**
I	B	Y	K	O	M	U	**R**	F	C	A	**B**	**F**	Q	D	**E**
O	O	C	W	S	**B**	**U**	B	P	N	M	R	**B**	**F**	H	**L**
E	V	G	H	A	**T**	**U**	Y	A	T	H	W	I	**I**	**E**	**O**
V	C	B	M	**L**	F	D	**F**	D	J	X	P	Y	C	**T**	**P**
R	D	K	**U**	P	W	O	W	**F**	C	D	D	C	O	K	**E**
Z	H	**V**	N	R	M	C	V	L	**A**	U	C	I	E	O	G
A	E	**L**	**E**	**O**	**P**	**A**	**R**	**D**	T	**L**	O	D	S	R	M
C	R	H	W	K	Z	G	N	F	E	P	**O**	W	I	N	L

Coloring pages
for kids